Charles de Rémusat

De la Liberté
moderne

Essai

ISBN : 978-1544669052

10 9 8 7 6 5 4 3 2 1

Charles de Rémusat

De la Liberté moderne

Essai

Table de Matières

De la Liberté moderne

On lit dans l'Écriture sainte que rien n'est nouveau sous le soleil et que tout est devenu nouveau sur la terre. Ce n'est point une contradiction, c'est l'expression successive de deux vérités différentes qui se combattent et qui quelquefois se manifestent en même temps et résultent, également claires et saisissantes, de l'expérience et de l'histoire. Personne, en lisant avec réflexion les annales du monde, n'a manqué d'être frappé, tantôt de la variété des événements, de la diversité des lois, des mœurs, des destinées des nations, tantôt d'une certaine uniformité dans le cours des choses humaines qui atteste l'identité de notre nature et des conditions communes à toute société. Étudier et constater les différences et les ressemblances fait tout le prix et tout l'intérêt de l'histoire ; c'est ce qu'elle offre à la fois de plus instructif et de plus piquant. Si aucun principe d'analogie ne réglait le cours des choses, si rien ne se reproduisait jamais, l'induction serait sans base, et il pourrait être curieux encore, mais il ne serait nullement utile de rien savoir de ce qui s'est passé sur la terre. Si au contraire tout recommençait sans aucun changement, l'histoire du monde serait bientôt apprise ; qui saurait un événement les saurait tous, et le spectacle prolongé de la vie sociale n'apporterait avec lui aucun enseignement.

C'est parce que la réalité des destinées humaines se prête à la double observation de la stabilité et du changement, qu'il y a quelque chose qui s'appelle la politique.

Le secret de la politique, soit contemplative, soit active, n'est guère en effet que la juste détermination du rapport de la stabilité au changement. Savoir quand les différences dominent les ressemblances et réciproquement, c'est savoir à peu de chose près quelle conduite tenir et prévoir autant qu'il est possible quel sera l'avenir. Ce n'est pourtant pas le prévoir à coup sûr, car l'avenir n'est pas le résultat nécessaire des causes générales. Celles-ci n'ont qu'une influence limitée dans les affaires de ce monde. Elles dépendent dans leur action de circonstances qui ne dépendent point d'elles, ou qui résultent de causes beaucoup plus générales encore, inaccessibles dans leurs effets à toute prévoyance humaine. Celui qui dans le gouvernement entreprendrait de lutter contre le courant

Charles de Rémusat

des causes générales appréciables risquerait d'être un insensé et de tomber victime de sa témérité. Celui qui se confierait exclusivement à ces causes et se croiserait les bras en attendant qu'elles agissent s'exposerait à se voir emporter par les événements imprévus, et pourrait se perdre, dupe de sa raisonneuse sagesse.

Cette difficulté est la source d'un doute auquel il est difficile d'échapper toutes les fois que nous venons à considérer les chances de succès d'une entreprise quelconque, formée par un homme, un parti ou même une nation, si cette entreprise tend à fonder quelque chose de grand. Pour peu que l'établissement projeté soit nouveau dans le monde ou seulement dans le pays qui l'essaie, la question s'élève. — Est-ce une nouveauté telle qu'il soit chimérique d'y croire, imprudent de là tenter ? Dans les obstacles qu'elle rencontre, dans les répugnances bu les hésitations qu'elle excite, dans les faits antérieurs qu'elle abolit ou qu'elle dément, y a-t-il une force invincible qui la condamne à un naufrage inévitable ? Ou bien plutôt la vétusté de ce qu'elle remplace, la décadence ou la chute des choses du passé, le tour récent qu'ont pris les esprits et les événements, le présent enfin, avec toutes les circonstances qui le distinguent du passé, ne fait-il pas une loi d'innover et n'assure-t-il pas l'espérance du succès ? — Ce problème toujours redoutable ne l'est pas moins pour être devenu presque habituel dans un siècle aussi fertile que le nôtre en révolutions, et nous tous, écrivains ou politiques, peuple ou pouvoir, qui avons passé les plus belles et les plus cruelles heures de notre vie à le tourner et à le retourner sous toutes ses faces, nous savons ce qu'il en coûte pour vouloir décider du possible ou de l'impossible en fait de réforme ou de création organique. Nous mourrons tous à la peine, et nous ne laisserons pas après nous la question résolue.

Résolue ! pourtant la France l'a cru longtemps, et, grâce à Dieu, une bonne part de l'Europe est encore dans la même croyance ; mais enfin, il faut bien l'avouer, le doute est rentré dans quelques esprits. Non que je fasse l'honneur d'attribuer au doute la conversion trop opportune de certains publicistes qui ont découvert qu'ils avaient fait fausse route vingt ou trente ans de leur vie, en professant des opinions conformes aux principes du gouvernement qu'ils servaient. Ce sont gens qui se trompent toujours si à propos, que l'on peut toujours les soupçonner d'une erreur actuelle qu'ils reconnaîtront quand il le faudra : libres esprits qui pensent comme ils veulent, et dont la prudence n'est jamais endormie ou s'éveille à temps. Cependant, de quelque source qu'elle vienne, l'incrédulité a succédé, pour certaines gens, à la foi générale dans cette idée assez simple que la révolution française avait été entreprise pour la liberté et l'égalité, et que, ailleurs même qu'en France, l'esprit du XIXe siècle tendait vers ce double but. Ainsi ce qui était certain est devenu incertain. Notre Europe et notre temps sont soupçonnés d'avoir poursuivi des chimères, et il se pourrait qu'il eût raison cet excellent monarque qui disait aux Hongrois il y a quelque trente ans : *Totus mundus stultisat* . Ces pensées assez tristes nous venaient à la lecture d'un ouvrage, digne d'être lu d'ailleurs, intitulé *France et Angleterre*. Au milieu de beaucoup d'écrits tendant aux mêmes conclusions, nous distinguons celui-là, parce qu'il est sérieux et raisonnable, et que l'auteur y parle d'un sujet qu'il connaît en bons termes et avec modération. Ce qu'il dit de l'Angleterre est juste en général ; et il y a du vrai dans ce qu'il dit de la France. On devine au reste quelle est l'idée fondamentale de son livre. C'est la vieille idée de Sieyès : « la révolution de 1789 est une révolution sociale ; » et étant sociale, il en conclut apparemment qu'elle n'a pas besoin ou qu'elle n'est pas capable d'être politique. Comme elle a visé et abouti à l'égalité, elle n'a point à faire de la liberté, et comme la société qu'elle a trouvée et modifiée ne ressemble pas à la société anglaise, l'une étant *égalitaire*, l'autre aristocratique, le gouvernement de celle-ci ne peut convenir au gouvernement de celle-là ; ce que l'auteur prouve de la seule manière dont on le puisse prouver, en disant beaucoup de mal de la France, à laquelle il n'accorde à peu près que d'être une nation artiste. Or, comme de l'avis des meilleurs juges en cette matière elle ne l'est guère, il s'ensuivrait qu'elle n'est pas grand'chose.

Je n'en crois rien, et cependant je tiens grand compte du raisonnement de l'auteur. Il ne dit presque rien qui ne mérite considération ; mais il nous accordera, et ceci n'est pas une critique, que ses objections contre l'introduction en France de la monarchie représentative au lieu et place de la monarchie administrative se réduisent à celles dont se sont de tout temps préoccupés les adversaires auxquels il s'adresse. Ce sont les mêmes que nous discutions avec les écrivains de la restauration. Dans un ouvrage qu'il me

Charles de Rémusat

donne l'exemple de citer,[1] je crois avoir comme lui insisté sur les différences principales qui distinguent l'Angleterre de la France, et cependant nous n'arrivons pas aux mêmes conclusions. Cela pourrait prouver qu'il n'y a pas tant de vérité qu'on le dit dans cette proposition souvent répétée : question bien posée, question résolue.

Dût-on m'accuser d'entêtement, je conviendrai que mes convictions ne sont pas d'hier. J'ai dernièrement retrouvé un manuscrit de ma jeunesse qu'il faut bien appeler mon premier écrit politique. J'étais depuis peu sorti du lycée ; on était au lendemain de la bataille de Waterloo. Jugez s'il y a longtemps ! Le titre était : *De l'intérêt de la France au 20 juin 1815*. Cet intérêt, c'était, disais-je alors, — voyez l'audace d'un écolier ! — l'établissement du gouvernement constitutionnel à l'exemple de l'Angleterre, et pour citer un latin qui vaut mieux que celui de l'empereur d'Autriche, ces mots d'une philippique de Cicéron servaient d'épigraphe : *Utinam aliquando dolor populi romani pariat quod jamdiu parturit*. Il y a quarante-quatre ans de cela, et je disais déjà *jamdiu' ; mais la jeunesse est pressée*.

Ce n'est assurément pas là une autorité, et les vœux d'une jeunesse insensée peuvent ne mériter que le sourire de la maturité désabusée des générations vénérables qui dominent aujourd'hui notre société. La jeunesse actuelle elle-même semble née avec des cheveux blancs, et nos visions lui font pitié. Ce n'était pourtant pas un jeune rêveur, un chimérique utopiste que ce prince de Talleyrand qui, en remettant la couronne à Louis XVIII en 1814, lui recommandait *les institutions si bien éprouvées dans un pays voisin*. On n'a jamais regardé comme un novice politique, innocent et enthousiaste, ce duc d'Otrante qui écrivait à Wellington le 27 juin de l'année suivante : « Tous les regards en France sont fixés sur la constitution de l'Angleterre. Nous ne prétendons pas à être plus libres ; nous ne consentirions pas à l'être moins. » En vérité, il faut que cette opinion qu'on voudrait imputer à une anglomanie d'opposition fût alors pour ainsi dire dans l'air, puisque la jeunesse la respirait en naissant, et qu'elle était encore pour les plus pratiques des hommes d'état et les vétérans des révolutions l'inspiration de l'expérience. Ceux qui la combattent, cette opinion, ne sauraient au moins disconvenir que pendant deux générations elle

---

1 Voyez *l'introduction* de l'ouvrage intitulé *l'Angleterre au dix-huitième siècle*.

a été celle des hommes les plus considérables du monde politique. Elle a pour elle l'autorité de Necker et de Mirabeau, de Mounier et de Talleyrand ; elle a Chateaubriand et Constant, de Serre et Lainé, Royer-Collard et Casimir Périer, tant d'autres, et je ne parle pas des vivants. On ne citerait pas un écrivain de quelque célébrité qui ait soutenu une autre doctrine, car il ne faut pas nommer les Maistre et les Bonald : ceux-là défendaient l'ancien régime, et d'un aveu unanime l'ancien régime n'est plus en question ; mais plus puissante encore que la voix des grands orateurs et des grands écrivains s'élève celle de la nation, cette voix qui a retenti si longtemps, écoutée de tous les peuples du monde, cette voix qui n'a jamais été libre qu'elle n'ait proclamé que la liberté politique était au premier rang des idées de 1780.

Or la liberté politique dans nos temps modernes, on ne lui connaît que deux formes, la monarchie représentative et la république. Si quelqu'un en connaît une troisième, qu'il la nomme. Il n'est pas probable que ceux qui contestent la possibilité d'emprunter quelque chose à la constitution de l'Angleterre conseillent le recours à la république. C'est alors pour le coup que les traditions seraient comptées pour rien. Reste donc la monarchie représentative. Or s'il est vrai qu'elle ne puisse nulle part être importée, parce qu'elle est d'origine anglaise, s'il est vrai qu'elle ne puisse vivre que là où son existence est plus que séculaire, tout espoir de liberté politique est interdit à l'Europe entière, excepté à la Hollande et à la Suisse, qui ont la république dans leur passé, ou bien il faut inventer quelque chose de nouveau, cette troisième forme encore à trouver. A. l'œuvre donc, les chercheurs d'or de la politique ; que l'imagination et la logique combinent encore une fois leurs laborieux efforts pour produire le secret d'un avenir inconnu ! Téméraire qui s'appuie sur l'expérience et l'exemple ; sage qui n'a confiance qu'à l'utopie !

Si ce n'était pas assez d'adversaires raisonnables comme M. Menche de Loisne et ceux qui pensent comme lui, il serait loisible en effet de s'en donner ici de plus hasardeux et d'aller provoquer ces sectes opiniâtres qui continuent de chercher d'ingénieux moyens pour se débarrasser de la liberté pratique, et qui, traitant d'idées bourgeoises les idées libérales, rêvent pour la société la même liberté que Spinoza réservait à l'âme humaine, celle qui consiste à

Charles de Rémusat

être une partie d'un tout déterminé par lui-même. Le socialisme n'est en effet que le spinozisme transporté dans la politique.

Mais nous ne discutons qu'avec les sages, et à ceux-là nous disons : Il s'agit de savoir laquelle, sur les ruines déjà vieilles de la monarchie féodale, doit s'établir définitivement en Europe, de la monarchie administrative ou de la monarchie représentative. C'est assurément une question de pure théorie ; aucune révolution ne menace ; aucun parti n'est là qui frappe à coups de hache aux portes des Tuileries pour y entrer de vive force. Nous cherchons dans la paix et l'impuissance de la spéculation quel est, dans l'ordre politique, le meilleur dénouement de la révolution française.

Encore réduisons-nous la question au choix entre deux monarchies, et, pour pacifier le débat, nous les examinons en elles-mêmes et non dans leur histoire. Nous ne voudrions discuter la conduite de personne ; cependant si l'on nous disait que l'expérience a prononcé, et que la monarchie représentative est tombée, on nous forcerait de demander où est ce qui n'est pas tombé. La monarchie administrative a été, dans les conditions de l'ancien et du nouveau régime social, inaugurée deux fois dans de magnifiques proportions. Or quel est l'historien qui ne voit dans le déclin de celle de Louis XIV poindre l'aurore de la révolution française ? de nos jours (quel plus instructif exemple ?), la monarchie administrative fondée au sein de là gloire a été organisée sur le plan le plus vaste, par un des plus grands princes que le monde ait admirés. Eh bien ! parlons-en avec la liberté de l'histoire, elle a duré dix ans, et la Providence a voulu que ce gouvernement, créé et conduit avec génie, pérît de la plus triste des manières de périr, qu'il tombât avec l'indépendance nationale. Et quelle est la cause de ce grand désastre ? Une seule, un pouvoir illimité.

La monarchie administrative n'a donc pas le privilège de la durée, et ce n'est pas elle que l'expérience recommande préférablement à tout le reste aux nations qui veulent réformer solidement leur gouvernement. Si on la confond avec l'absolutisme, dont elle n'est guère séparable, elle n'y gagne rien. Quel peuple avouerait qu'il tend à l'absolutisme comme au port, et consentirait à y voir autre chose qu'une relâche pour le vaisseau battu par la tempête ? On est donc amené à voir si l'on peut s'entendre avec ceux qui pensent que l'exemple de l'Angleterre est à suivre, que les formes générales qu'elle a su donner à sa monarchie, issue, comme toutes les autres, de la conquête et de la féodalité, sont les seules qui puissent approprier cette nature de gouvernement aux impérieux besoins de la civilisation moderne. Quoique cette idée ait été pendant longues années à l'état d'opinion reçue, reçue au point que ceux qui l'aimaient le moins se croyaient obligés de l'affecter, elle n'en rencontre pas moins à chaque pas une objection spécieuse et puissante. Une nation ne peut pas plus changer avec une autre d'institutions que de climat, et les institutions de l'Angleterre y sont nationales parce qu'elles y sont historiques. Or comment emprunter l'effet, quand on ne peut se donner la cause ? Comment faire que la France soit une île, et que ses peuples aient eu d'autres aïeux ? Dieu lui-même ne peut rien sur le passé, et le passé maîtrise le présent.

Ces objections générales, que j'ai ailleurs exposées dans la mesure où je les admets, se fondent sur une idée qui se fait accueillir assez aisément aujourd'hui : c'est que l'espèce humaine se divise en races distinctes, naturellement et exclusivement aptes à des destinées politiques qui diffèrent, comme ces traces diffèrent entre elles. J'admets des différences, et ne veux pas disputer sur le plus ou moins de saillie et de durée du relief qu'on appelle nationalité. J'irais, si l'on veut, jusqu'à assimiler ces empreintes morales, qu'on attribue si volontiers d'ailleurs à des causes matérielles, aux caractères extérieurs qui distinguent les contrées entre elles, et qui dépendent le moins de l'influence des hommes. Ce n'est pas atténuer l'importance des diversités nationales que de les comparer aux stables effets de l'invariable nature. Mais dans cette hypothèse même, et quand la géographie physique devrait seule rendre raison de tout ce qui distingue les opinions, les mœurs et les lois des sociétés, elle ne pourrait, après tout, faire cette influence plus puissante dans l'ordre social qu'elle ne l'est dans le monde organique. Or, entre les produits des diverses parties qui composent celui-ci, l'échange est-il donc impossible, et la surface de la terre est-elle soumise à un cantonnement naturel qui interdise à l'Orient et à l'Occident de s'emprunter réciproquement leurs richesses, et même au Nord et au Midi de trafiquer des espèces qui les distinguent ? Le cèdre, arraché aux sommets de la Syrie, étend ses longs rameaux dans les parcs humides de l'Angleterre. Le marronnier est venu du fond de l'Asie étaler ses feuilles en parasol et les grappes verticales

Charles de Rémusat

de ses fleurs dans les jardins de Louis XIV. Le svelte robinier a depuis trois cents ans quitté le nord de l'Amérique pour joncher tout le sol occidental de l'Europe de ces

Fleurs d'acacia qu'éparpillent les vents.

Un arbuste de l'Arabie couvre les mornes des îles du tropique, dont les plaines se hérissent de roseaux que la nature n'y avait pas semés, et la terre aux entrailles d'or du Pérou a envoyé dans nos climats la plante modeste qui nourrit les pauvres colons de l'Irlande et les pâtres oisifs des Pyrénées. Le règne animal n'offrirait ni de moins nombreux ni de moins frappants exemples. Il prouve chaque jour que l'acclimatation est une des ressources que la nature offre à l'inventive industrie de l'homme, et que les frontières qu'il semble tracer entre les contrées ne sont pas toujours infranchissables. Les causes physiques agissent pourtant avec une constance bien autrement apparente que les causes morales, et il semble que leurs effets soient soumis à la loi d'une mécanique inflexible ; mais l'homme vient, il regarde, il compare, il convoite, il tente, et l'inflexibilité disparaît. L'art de sa volonté et quelquefois de son caprice crée mille exceptions à ces règles permanentes, et ce qu'il fait dans un monde qui n'est pas le sien, il ne le pourrait faire dans son propre domaine, dans la sphère où il règne, sur le sol où sa liberté, ouvrant ses rameaux, se développe et fructifie ! L'expérience dépose du contraire. Comme les œuvres de la nature, il transporte les siennes d'une latitude à l'autre, il fait des choses toutes différentes dans la même région et les mêmes choses dans les deux mondes. Et depuis quand les peuples ne seraient-ils régis que par des idées nées dans leur sein ? Ne vient-elle pas de l'Orient, cette religion sainte qui, débordant l'occident de l'Europe, va jusque par-delà l'Atlantique ? Les montagnes de l'Ecosse et les steppes de la Norvège ont reçu les dogmes annoncés aux bords de la mer de Tibériade. Rome a planté la législation née dans son forum sur des terres d'où ses armes ont disparu. La sagesse de ses préteurs, compilée sur les côtes du Bosphore, est venue régler le droit des familles de l'Allemagne et des Gaules. Que dis-je ? en tout genre, le génie de l'antiquité est devenu l'inspiration du monde. Quelquefois il a triomphé du génie national jusqu'à en effacer les traces. Roi cosmopolite, il dicte les lois du goût à Upsal comme à Salamanque, Aberdeen et Pavie admirent la poésie et l'éloquence de la Grèce comme Paris et Iéna, et les vainqueurs germains des races celtiques ou des conquérants italiotes en sont venus à penser ce que pensaient deux mille ans par avance, dans l'Attique ou l'Ionie, les descendants transformés des mêmes races qui triomphèrent des tribus natives de l'Hindostan. Plus on prolongerait le dénombrement, plus il nous montrerait l'humanité recevant de la tradition voyageuse ses croyances, ses idées, ses talents et ses lois, et l'imitation, mère des arts, enfantant en tout lieu les transformations les plus diverses des sociétés les plus parfaites.

L'homme est l'être le plus souple de la création. Non-seulement sa nature se prête à tous les changements de climat, de régime et de vie, mais ces changements, sa volonté les cherche ou les provoque. Tantôt il les affronte pour remplir un devoir ou contenter une fantaisie ; tantôt il les réalise à dessein, et oppose son initiative à la fatalité de la nature. Il diversifie artificiellement les habitudes de son organisation, ses travaux, ses goûts, ses besoins, et jusqu'au théâtre même où se joue son activité. À sa voix, la scène change autour de lui, et la nature sauvage, faisant place à la nature cultivée, semble donner le jour à une nouvelle humanité. Aussi son histoire n'est-elle que le récit de continuelles vicissitudes, et sa destinée qu'une succession de révolutions.

Les circonstances dans lesquelles une nation est placée depuis longtemps ne sauraient donc être dans tous les cas un obstacle absolu aux mutations qu'elle voudrait faire dans ses lois, dans ses coutumes, dans le cadre politique enfin où elle a vécu et grandi. La difficulté résiderait surtout dans son intelligence et sa volonté. Celles-ci ne pourraient même pas toujours s'opposer aux effets du sort, et se plieraient quelquefois aux changements qu'elles ne cherchaient pas. Un fait impérieux, un accident de la nature, un coup de la politique les a plus d'une fois assujetties, en dépit d'elles-mêmes, à des institutions qu'elles auraient spontanément repoussées. On ne peut dire que la contrainte ne réussisse jamais ici-bas, ni que l'oppression rencontre toujours une résistance victorieuse. Lorsque les Romains sont venus donner aux Gaulois le régime municipal, il n'est pas sûr que ceux-ci fussent bien empressés à l'adopter, et quand plus tard ils l'ont défendu contre les Francs, il leur a bien fallu accepter quelque chose des lois que ces vainqueurs apportaient de la Germanie. Ce n'est pas, il s'en faut, d'éléments indigènes seulement que se sont formées la législation et la constitution des peuples modernes.

Si la force des événements produit de tels effets, combien le consentement volontaire et réfléchi des peuples ne pourrait-il pas les multiplier et les faciliter davantage ! Supposez chez une réunion d'hommes la persuasion et la décision au degré convenable, il ne semble pas qu'il y ait de changement qu'elle ne pût accomplir dans le système de ses lois. Elle pourrait en quelque sorte choisir sa condition, et si l'opinion est, comme on le dit tant, la reine du monde, son autorité devrait au moins aller jusque-là. La question que nous aurions à résoudre, quand il s'agit d'importer quelque part le gouvernement représentatif, serait donc surtout de savoir si la société à laquelle on le destine le veut assez fortement, si ses idées ont pris dans ce sens un tour assez marqué pour que la conviction soutienne sa volonté. Or ce n'est là qu'un point de fait à constater, et il est difficile d'ignorer que depuis bientôt un demi-siècle les nations civilisées ont montré quelques dispositions, émis quelques vœux favorables à cette forme de la liberté politique. Plusieurs sont allées plus loin. Leur inclination s'est démontrée par des faits. Elles ont risqué leur repos, quelquefois leur existence, pour satisfaire leur penchant, et l'on aurait peine à prétendre que ce soit par une illusion passagère ou l'engouement d'un parti que des bords de la Sprée à ceux du Tage la même tendance s'est manifestée vers le régime constitutionnel. Laissons de côté les républiques des deux Amériques, qui pourraient cependant être comptées ; omettons ces innombrables colonies de l'Angleterre modelées sur la mère-patrie,

... simulataque magnis

Pergama ;...

ne parlons même pas de cette monarchie brésilienne, qui trouve sa prospérité dans une liberté progressive : restons sur le continent européen. Si l'échauffourée de 1848, venant en aide au mauvais vouloir de plus d'un prince et de toutes les aristocraties, a retardé le développement des libertés de certains peuples, elle n'a pas supprimé partout la monarchie constitutionnelle. La Suède, le Danemark, les Pays-Bas, le Wurtemberg, la Bavière, le Hanovre, ont conservé les éléments du système représentatif, et l'institution n'a pas cessé partout d'en être efficace et sérieuse. Le roi de Prusse, au milieu de tant de fautes qui préludaient au déclin de ses forces, a cependant eu la probité de ne point revenir sur sa parole, et ses états continuent de marcher avec lenteur, mais avec espérance, dans un système de gouvernement constitutionnel. L'Espagne s'y essaie depuis vingt-cinq ans par des révolutions trimestrielles, et ne changerait pas sa singulière instabilité contre un immobile absolutisme. Le Portugal réussit mieux dans une tentative semblable, grâce à une sagesse acquise à laquelle les épreuves n'ont pas été épargnées. Enfin la Belgique et le Piémont sont en possession d'une forme de gouvernement que les partis n'osent contester. Passons sur des avortements célèbres. Ne rappelons pas qu'à Vienne même, dans cette métropole d'où pendant trente-quatre ans l'absolutisme a rayonné sur l'Europe, un jeune prince a payé le recouvrement de son empire d'une solennelle promesse de liberté, qui est allée grossir la multitude des engagements oubliés sur le trône et fournir des aliments nouveaux à la défiance des peuples envers les rois, de nouveaux prétextes à la république. Le simple rappel de ces faits notoires montre que l'Europe aspire obstinément à un système organique qui donne à la société, voix délibérative dans son gouvernement. Je pose sans détour la question : Pourquoi la France serait-elle une exception ?

On l'aurait bien étonnée d'exprimer ce doute, je ne dis pas dans ces jours de confiant enthousiasme, en juillet 1789 ou en juillet 1830, mais dans un moment quelconque des trente-sept années qui se sont écoulées de 1814 à 1852. Pendant cette longue période, elle a pensé tout haut ; l'Europe l'a entendue. S'est-il passé un jour où l'une n'ait pas dit, où l'autre n'ait pas cru que le gouvernement représentatif était, non pas le meilleur, mais le seul gouvernement pour elle ? Le monde entier aurait été le jouet de la plus étrange et de la plus opiniâtre hallucination, s'il avait cru sans motif que la révolution, qui a été le grand spectacle du siècle, avait fait de la liberté politique le but de ses efforts et la condition de l'ordre nouveau. Des partis ont eu quelquefois le tort de jouer pendant un temps la comédie. Ce serait la comédie la plus étrange, celle que la France aurait donnée au monde, si elle n'avait pas été sincère dans sa révolution. Mais trève aux suppositions absurdes : la France a pensé ce qu'elle a dit ; elle a agi comme elle a pensé, lorsqu'aux yeux éblouis de l'univers elle a élevé la bannière où l'on pouvait lire

Charles de Rémusat

les paroles que proférait Montesquieu à l'aspect de l'Angleterre : « Liberté, égalité.[1] »

Faut-il croire que tout est changé ? Quel vent soudain aurait chassé cette nue orageuse et brillante ? Serait-ce qu'il faut aux nations, pour obtenir et garder la libre possession d'elles-mêmes, autre chose que l'intelligence et la volonté ? Peut-être. L'homme peut beaucoup de ce qu'il pense et de ce qu'il veut ; il ne peut pas tout ce qu'il veut ni tout ce qu'il pense. Bien que mille et mille fois plus fortes que les individus, les sociétés sont cependant comme eux sujettes aux conditions de l'humaine destinée. Pour maîtriser le sort, pour réaliser leurs rêves, il leur faut réunir certaines circonstances qui ne dépendent pas toujours d'elles. Dans leurs plus chères et leurs plus hautes entreprises, il ne suffit pas, pour réussir, de leurs pensées animées par leurs passions. Il y a dans les choses des difficultés, dans les événements des traverses qu'on ne surmonte pas sans une sagesse persévérante ou plutôt sans certains heureux accidents que la sagesse même ne procure pas. Il faut à la cause des serviteurs, et à la cause, à ses plus dignes serviteurs, il faut encore un don qu'on méconnaît trop aujourd'hui et ce que tous les grands hommes ont appelé par son nom : — la fortune.

On écrirait notre histoire contemporaine si l'on tentait de déterminer à ce point de vue ce qui nous a manqué. Ce serait s'engager dans des jugements qu'il m'appartient moins qu'à un autre de porter. Cependant, comme on pourrait contester cette part que l'expérience de tous les temps a faite à la fortune, comme les récentes théories sur l'histoire ne connaissent plus que la force des choses et rapportent tous les événements à la fatalité des causes générales, j'insiste sur ce point. Parmi les hommes qui se sont mêlés, entre 1830 et 1848, des affaires publiques, on en trouverait difficilement un seul qui pense que, si le duc d'Orléans avait vécu, la révolution de février fût arrivée. De qui aurait-on pu répéter plus dignement le cri de Virgile : *Si qua fata aspera rumpas* !… Or, en vérité, que les chevaux du duc d'Orléans se soient emportés un jour, c'est un de ces événements qu'aucune institution, qu'aucune politique ne pouvait empêcher. C'est là ce que les hommes ont appelé le hasard, et ce qui faisait dire à l'empereur Napoléon que les problèmes de la guerre étaient des problèmes indéterminés.

---

1 *Notes sur un Voyage en Angleterre.*

Mais, abstraction faite de l'action de ces causes particulières qui échappe à toute prévision, il se pourrait qu'ainsi qu'un homme peut être empêché par sa nature, sa situation ou ses antécédents, d'atteindre le but que cherchent sa volonté et sa raison, des nations, et nommément la nôtre, trouvassent dans leur passé et leurs caractères distinctifs d'invincibles obstacles à l'établissement sur leur sol du gouvernement représentatif.

La première de ces difficultés serait d'instituer une organisation politique sans en avoir fait l'expérience. Prisé à la rigueur, cette objection s'opposerait à toute nouveauté, par conséquent à tout, car tout a été nouveau. Sainement entendue, elle a sa valeur. Dans le cas auquel on l'applique, il faut en effet se confier à la théorie au point de commencer par elle. Quand une théorie sort des faits, quand elle s'en déduit *à posteriori*, elle n'est qu'une explication de la pratique ; mais, lorsqu'on la prend pour principe régulateur dans une création nouvelle, elle offre cette incertitude absolue dont toute idée spéculative est soupçonnée par la raison. Comme elle n'a pour les esprits rien d'obligatoire, elle ne les empêche pas de s'abandonner à toutes leurs dissidences et à toutes leurs variations naturelles. Enfin les partis profitent, abusent de la flexibilité des termes généraux pour armer ou couvrir leurs arrière-pensées de ces théories dont ils font un mensonge. Il tombe sous le sens qu'il y a moins de sûreté à rechercher, une idée générale étant donnée, comment la réaliser qu'à examiner, des institutions étant données, comment les perfectionner. Cette dernière situation a été celle de l'Angleterre ; la première a été jusqu'à un certain point celle de tous les pays constitutionnels du continent. J'ai ailleurs tant appuyé sur cette différence de situation qu'il n'est pas nécessaire d'y insister de nouveau.

Il faut cependant convenir que les peuples pour qui la liberté politique est dans l'avenir n'étaient pas absolument dénués, pour y atteindre, de tout point d'appui dans le passé. Le moyen âge et les temps qui l'ont suivi ont laissé partout des rudiments de garanties politiques qui pouvaient être développés. La monarchie est germaine d'origine dans presque toute l'Europe, et elle n'est pas sortie absolue des forêts de la Germanie. Les Francs ne nous l'ont pas apportée sous la forme odieuse que lui ont donnée les jurisconsultes de Byzance. Le temps seul a peu à peu converti la royauté des premières races en ce despotisme central, dernier résultat de l'ancien régime ; mais les traditions trop souvent interrompues des états-généraux, le principe du consentement de l'impôt, quelques formes protectrices toujours invoquées, sinon toujours observées, dans l'administration de la justice, contenaient quelques éléments d'une liberté véritable, et jamais une condamnation assez sévère ne sera prononcée sur ces maîtres des pères de nos pères, rois, nobles ou magistrats, qui n'ont su ni voulu la faire sortir à temps des germes qui la contenaient. C'est eux qui ont réduit leur pays à la révolution, et, suivant la justice commune de l'histoire, les enfants ont porté la peine que leurs pères avaient méritée.

Grâce à eux, il a fallu procéder par voie d'abolition et niveler pour construire, situation toute nouvelle, et dont l'analogue se trouverait difficilement dans l'histoire. L'Amérique, à qui l'on nous compare, différait de nous. Comme race anglaise, elle avait ses traditions et ses habitudes ; comme société américaine, elle était neuve. La France n'avait ni les mêmes souvenirs ni la même nouveauté ; mais si elle ne pouvait opérer sûrement, elle pouvait opérer vite. Point de terrain mieux disposé pour construire rapidement que le sol de la France. Aussi est-ce le terrain des constructions improvisées, et nous savons mieux bâtir que planter. En aucun pays, dans aucun temps, la pensée et la volonté n'ont été plus maîtresses que dans la France nouvelle. À aucun peuple comme à aucun pouvoir, il n'a été plus juste de dire, quand il se plaint : « Tu l'as voulu. »

La position géographique de la France a été alléguée contre sa liberté. Ce ne serait une raison valable que si la liberté était incompatible avec l'existence des grandes armées permanentes, car on ne voit pas qu'aucune autre conséquence politique grave résulte avec évidence de ce qu'un pays n'est pas une île. Il est douteux, je le veux bien, que la révolution de 1688 se fût aussi facilement consommée, si les Stuarts avaient eu sous le drapeau plus de sept ou huit mille hommes ; mais l'Angleterre a depuis lors multiplié ce chiffre par vingt ou trente peut-être, et ses institutions sont debout. Et puis à quoi bon citer l'expérience étrangère ? L'armée française a-t-elle jamais été par elle-même un danger, une difficulté d'un moment pour le gouvernement libre ? Qui a pu l'approcher sans l'admirer, cette armée, monarchique par l'obéissance, républicaine par la simplicité de ses mœurs, et qui s'était formée à l'ombre des institutions populaires ? Un respect unanime pour la loi avait pénétré dans ses rangs, toujours scrupuleuse et toujours ardente dans l'accomplissement de ses devoirs. Lorsqu'aujourd'hui on entend prononcer à la défiance le mot de prétoriens, la fausseté du rapprochement étonne. Le caractère des prétoriens, ce n'est pas la docilité, c'est la sédition. Eh ! quand donc l'armée s'est-elle montrée rebelle aux ordres de la loi ? De ce que l'énergie du commandement est nécessaire au maintien des grandes armées, suit-il que les garanties légales soient en opposition avec les bases mêmes de leur discipline ? Grande erreur : notre propre expérience a prononcé. En quoi nos lois militaires ont-elles nui au bon ordre dans cette armée, qu'on ne vit point, le lendemain du 24 février même, faire un seul pas hors de l'ombre de son drapeau ? Qu'on cite une armée qui, mise à la même épreuve, ne se fût pas débandée en deux jours ! Jusqu'aujourd'hui des règles fixes ont statué sur le recrutement, sur l'avancement ; la subordination, la discipline en ont-elles jamais souffert ? Que dis-je ? la majeure partie des officiers ne doit pas même son premier grade au chef de l'état. Ils se sont eux-mêmes faits ce qu'ils sont en gagnant au concours leur rang de classement dans les écoles militaires. C'est là une garantie que l'Angleterre n'a pas encore osé nous emprunter. Or, si la prérogative du prince a paru y perdre, certes son autorité n'y a rien perdu.

Ce mot de prérogative, dont le sens est si variable, est plus difficile à définir en France qu'en tout autre pays. La royauté y est un mot du langage populaire ; elle y est une chose historique. Il arrive que si par la constitution elle est réglée et conséquemment définie suivant la raison et la politique, elle est, dans l'usage, comprise selon la langue et l'histoire. Dans le sens du vulgaire, un roi est un homme qui peut tout. Aux termes des lois constitutionnelles, c'est tout autre chose. De cette contradiction résultent, pour les princes, aux jours de prospérité, des excès de flatterie et des tentations d'empiétement, et contre eux, aux jours difficiles, des iniquités et des renversements. C'est assurément là une des difficultés de l'établissement et surtout du maintien de la monarchie limitée. Le même esprit qui tend à faire les rois tout-puissants mène à les faire responsables, et la France n'est souvent révolutionnaire que pour avoir été absolutiste. On n'échappera à ces oscillations funestes que lorsque la royauté aura pris de plus en plus le caractère d'une

Charles de Rémusat

magistrature légale, et que ses formes et ses dehors la rapproche-
ront de plus en plus des autres pouvoirs constitutionnels. C'est en
France que tout cérémonial qui rappelle les anciennes cours offrirait le plus de danger. En élevant le prince à une hauteur factice,
il lui rendrait les apparences de la toute-puissance, et avec elles le
péril d'être pris pour l'auteur unique de tout ce qui déplaît, et de
tomber sous le poids de sa grandeur. Mais l'extérieur ne serait rien
si l'on ne parvient à changer le fond des idées. Malheureusement
cette fausse opinion de la royauté est aggravée par une circonstance
qui pèse sur elle comme sur tout autre pouvoir de gouvernement
parmi nous. Je veux parler de la centralisation. Nulle part peut-
être le mouvement vers l'unité qui est inhérent à toute civilisation
n'a été aussi irrésistible qu'en France, et, sous ce rapport, notre révolution n'a fait que régulariser et, consacrer ce qu'avait préparé et
même opéré notre histoire. Une immensité d'attributions diverses
est venue s'accumuler dans les mains du pouvoir central, et l'habitude s'est établie de tout attendre et de tout craindre de lui, d'en
tout solliciter, d'en tout exiger. C'est encore là, suivant les temps,
une cause soit d'usurpation, soit de révolte. Pas moins que l'esprit
d'absolutisme, l'esprit révolutionnaire en a profité. La centralisation écrite par la loi pourrait être aisément rayée par une loi diffé-
rente ; mais la coutume, mais le préjugé de la centralisation ne se
laisseront pas aussi facilement effacer. Les gouvernements les plus
divers ont respecté, même exploité ce moyen de domination, tour
à tour si commode et si pesant, et c'est là sans contredit un obstacle
à l'établissement durable d'une réelle liberté politique.

Il y a un intime rapport entre la royauté et la centralisation. L'abus
de l'une ressemble parfaitement à l'exagération de l'autre, et de
cette source double, — unique peut-être, — peuvent découler des
conséquences qui semblent opposées, la servilité et le socialisme.
J'entends par servilité non-seulement cet esprit de courtisanerie
adulatrice qui a de tout temps abaissé tant de caractères, mais une
disposition qui semble plus excusable, ce goût subalterne pour la
protection, résultat de l'habitude d'une longue tutelle, cette incapa-
cité de répondre de soi-même, d'attendre de ses propres forces et
de ses propres soins son bien-être, sa réputation, son influence. Le
mot de servilité n'est pas trop fort, car c'est parce qu'elle dispense
l'esclave de songer à lui, parce qu'elle lui propose un patron qui

veille pour lui à sa vie et à sa santé, qui le loge, le nourrit et l'habille, que la condition servile a été défendue par ses apologistes, et quelquefois est devenue chère à l'humanité dégradée. Il n'est pas de partisan de l'esclavage des noirs qui n'ait dit qu'ils étaient plus heureux que s'ils étaient libres. On raisonne d'une manière analogue lorsqu'on représente aux sujets d'un roi absolu combien ils sont plus tranquilles que les citoyens d'un pays libre. Il arrive aux peuples trop gouvernés quelque chose de ce que nous voyons arriver aux industries accoutumées au régime protectioniste : il leur a été accordé et elles-mêmes elles ne l'ont sollicité dans le principe que comme un secours nécessaire à leur enfance. Elle est dès longtemps passée, cette enfance, mais le pli est pris, et l'habitude a établi cette opinion que l'industrie ne peut marcher seule. Il lui faut des lisières parce qu'elle en a toujours eu.

Ce goût de dépendance ne porterait dommage qu'à la dignité, et bien des gens disent : plaie d'honneur n'est pas mortelle, si l'opinion publique n'éprouvait aucune variation, et se maintenait toujours envers les gouvernements et les lois à l'état de contentement approbateur ; mais on sait qu'il n'en est pas ainsi, et il est facile de concevoir combien cette habitude de tout rapporter à l'action du pouvoir peut exciter, autoriser, armer, dans certains jours, l'exigence hautaine d'un mécontentement séditieux. Comme le sauvage brise son idole, comme le pêcheur napolitain injurie saint Janvier, le peuple peut outrager et détrôner un pouvoir de qui il a trop attendu. C'est une remarque qui m'a beaucoup frappé dans» Burke. Au temps même où l'éloquent ennemi de la révolution française l'attaquait avec une violence qui touchait au délire, il retrouvait son impartiale sagacité pour imputer le mal en partie au vice capital de l'*antique monarchie, à son insatiable besoin de trop gouverner.*[1]

C'est encore un effet de la même cause que le succès temporaire du socialisme parmi nous. Un trait commun à toutes les écoles qui l'ont enseigné, c'est d'avoir représenté l'individu comme un incapable entre les mains de l'état. C'est l'état qui doit le préserver des dangers de l'imprévoyance, des effets des saisons, des suites de la maladie, des inconvénients de la concurrence. L'individu ne devient vraiment citoyen qu'en devenant mineur. L'émancipation, c'est la tutelle. Ainsi le socialisme est à quelques égards une centra-

---

1 *Observations sur la Disette*, 1796.

Charles de Rémusat

lisation exagérée. On pourrait craindre que la centralisation administrative ne fût qu'un socialisme modéré.

Assurément le mal que nous venons de décrire n'a pas disparu ;
mais, signalé dès longtemps, il l'a été récemment avec plus de force
et de succès. Surtout il a été mieux compris, plus senti depuis le 24
février 1848. Il n'a pu échapper à personne qu'une certaine centralisation rendait pour le pouvoir la responsabilité trop grande,
pour le citoyen la dépendance trop commode, pour l'insurrection
et l'usurpation la victoire trop facile. Le remède est dans l'opinion
et dans la loi. C'est aux écrivains d'éclairer l'opinion, qui un jour
dictera la loi.

Je ne crois pas avoir affaibli les reproches que l'on dirige contre la
centralisation. Ce serait cependant combattre pour des chimères
que de tenter délimiter l'influence et l'intervention de l'état au
point où elles étaient réduites dans les temps et dans les pays où la
liberté politique a jadis pris naissance. Dans ces pays mêmes, il y
a longtemps que le pouvoir administratif a franchi ses anciennes
bornes, et l'Angleterre fait chaque jour de nouveaux pas dans le
sens de l'extension des devoirs du gouvernement central. La civilisation a des exigences, la démocratie a des besoins, qui ne per-
mettent pas d'abandonner à l'activité volontaire des citoyens, ni
même au zèle des localités certains intérêts plus moraux que maté-
riels qui réclament surveillance et direction. Le principe de l'égalité
veut une certaine uniformité dans la répartition des biens et des
perfectionnements sociaux. Par exemple, la justice serait blessée si
une province était dotée de plus d'écoles primaires qu'une autre, ou
que les mêmes vues de morale et d'humanité ne présidassent point
partout au régime des prisons. Or cette uniformité ne saurait être
obtenue sans une certaine centralisation ; mais, sous ce rapport, un
parlement n'est pas moins centralisateur qu'un bureau ministériel.

Dans un ouvrage remarquable, l'*Individu et l'État*, on peut lire
tout ce qu'il est possible de dire de plus ingénieux en l'honneur
de cette tendance des temps nouveaux. Je ne reprocherai à M.
Dupont-White que de s'en montrer trop charmé, et de prendre
trop facilement son parti des inconvénients qui y semblent atta-
chés. Il était digne d'un esprit comme le sien de rechercher par
quelle distinction il serait possible d'allier le progrès inévitable des
attributions de l'état par la complication croissante des principes

et des intérêts sociaux avec la conservation des habitudes d'indépendance et de concours volontaire qui paraissent inhérentes aux mœurs des peuples libres. Dans les intérêts habituels de la communauté, la pensée générale, la réglementation peut appartenir à l'état législateur, la surveillance et le contrôle à l'état administrateur, et l'action aux corporations locales, aux associations volontaires, aux individus. En tout cas, l'examen de l'organisation administrative de la France, dirigé dans un esprit libéral, suggérerait plus d'une innovation qui ajouterait à la liberté sans affaiblir le pouvoir politique, et surtout il prouverait que ce qui manque est encore plus l'esprit d'indépendance que les moyens d'être indépendants. Ce ne serait pas d'ailleurs aux adversaires du gouvernement parlementaire de se plaindre de la centralisation. Elle en est pour eux la compensation, et quand, avec la forme qu'elle a prise parmi nous, elle devrait entraîner quelque diminution de liberté civile pour la France comparée à l'Angleterre ou à l'Amérique, ce serait aux amis seuls de la liberté d'y trouver à redire. S'ils s'en accommodent, personne n'a droit de se montrer plus difficile.

Il semble démontrable par l'histoire de France que la partie la plus vitale de notre ordre politique a été la royauté. Malgré les blessures qu'elle a reçues, elle est encore une force réelle, et son nom est resté, ou peu s'en faut, synonyme de gouvernement. C'est donc à elle surtout qu'il faut songer, quand on pense au gouvernement de la France. C'est en elle, dans sa constitution, dans sa nature, dans son origine, qu'il faut chercher les garanties capitales de la liberté, et la dynastie dépositaire de la couronne doit être elle-même solidaire avec les institutions, ou bien, tantôt trop forte, tantôt trop faible, elle leur survivra, ce qui est le despotisme ; elle périra sans elles, ce qui peut être l'anarchie. Il faut que la royauté soit nécessaire pour être inviolable.

Comme c'est par la comparaison avec l'Angleterre qu'on cherche à disputer à la France son aptitude au système parlementaire, on érige les différences en objections, et l'on nous oppose par exemple la religion et l'aristocratie. Sur le premier point, il y a peu à dire. Comme croyance dogmatique, la religion n'est du ressort ni des législateurs, ni des publicistes. Il faut la prendre telle qu'on l'a reçue. Je conviendrai, s'y l'on m'y pousse, qu'au commencement du XVIe siècle, il aurait suffi d'une ou deux causes politiques et accidentelles de plus pour que l'église de France subît une transformation analogue à celle de l'église anglicane. On peut encore accorder que les pays protestants semblent plus propres que les autres au *self governmnent*. Est-ce parce qu'ils sont protestants, ou plutôt ne sont-ils pas protestants à cause de cela ? D'autres en décideront. Le protestantisme a, j'en tombe d'accord, l'avantage de pouvoir, sans se détacher de la tradition évangélique, être un christianisme national, et c'est malheureusement une faculté que la puissance ultramontaine s'efforce d'enlever au catholicisme. Nous devions à nos traditions françaises une heureuse combinaison de christianisme et de nationalité, c'était l'église gallicane. Les persécutions religieuses de la révolution ont commencé à rapprocher pour la défense commune les gallicans et les ultramontains. Depuis, la politique de la cour de Rome et les théories absolues de quelques théologiens plus politiques que religieux ont à peu près réussi à détruire l'œuvre des siècles et les traditions de la patrie, dans une matière où plus qu'ailleurs l'antiquité est tenue pour sacrée. À la chrétienne originalité qui recommandait l'église de France entre toutes les églises, on s'est efforcé de substituer l'imitation de l'Espagne et de l'Italie. On met la France à leur suite, et l'esprit de centralisation vient encore se montrer là. Tout, dit-on, doit être sacrifié à l'unité ; mais l'unité, c'est d'ordinaire la servitude. Ceux qui ont créé la théorie de cette réforme ecclésiastique, l'abbé de Lamennais par exemple, savaient bien ce qu'ils faisaient en la prêchant au monde. C'était en ce temps-là pour lui le manifeste d'une croisade contre toute liberté. Aussi, dès qu'il a réussi à faire prévaloir cette fatale unité, comme il était fier, il en a fui le joug tout le premier. Il s'est à grands pas éloigné de l'église, en lui laissant sa doctrine comme le fer dans la plaie.

Le mal est peut-être sans remède, et la restauration du gallicanisme est peut-être une vaine espérance. Ce qu'on a pu désirer, c'est que, prenant plus au sérieux ce qu'ils ont dit si souvent que les libertés gallicanes étaient des servitudes, les ultramontains français renonçassent résolument à l'alliance de l'état, et que l'église, cessant d'être un pouvoir constitué pour être uniquement un pouvoir moral, s'élevât à la pure indépendance. C'est l'idée qui semble animer vaguement les éloquentes prédications du père Lacordaire ; mais cette idée, praticable en Amérique, l'est-elle de ce côté du monde, sur une terre où la puissance spirituelle s'est pendant tant de siècles regardée comme une partie de la puissance politique ?

Il suffirait peut-être qu'un homme supérieur surgît au sein de l'église, et avec l'autorité du savoir, de l'éloquence et de la piété, lui montrât la voie où elle rejoindrait l'esprit du siècle, et marcherait avec lui à la suite de cette colonne de lumière et de nuée qui lui sert de guide. On l'a dit souvent, ce qu'il faudrait à l'église, c'est un Luther sans hérésie. En attendant que ce bonheur arrive, disons qu'un régime libéral, s'il a peu de chances d'être secondé par l'église, court peu de risques d'être empêché par elle. Quand le clergé s'est attaché à l'état, la religion en a souffert ; quand l'état s'est attaché à l'église, l'état n'y a pas gagné. De bons rapports sans alliance, c'est ce qu'il y aurait de mieux. On veut que le sentiment religieux s'étende et se fortifie, on a raison ; mais, pour cela, il faut qu'il puisse se développer librement, hors de l'église même. Mettre un pays dans cette alternative, ou l'église, ou l'incrédulité, c'est faire succéder indéfiniment la tyrannie de l'une à celle de l'autre ; la politique qui dit : tout ou rien, n'a jamais réussi longtemps à personne.

La question de l'aristocratie est politiquement plus importante. Rien n'a été plus souvent écrit, et M. Menche de Loisne le répète avec de nouveaux développements, que ceci : Sans une aristocratie comme en Angleterre, une liberté comme en Angleterre est impossible. Nous verrons jusqu'à quel point l'assertion est exacte. Le fût-elle parfaitement, elle ne prouve pas, elle ne dit même pas que, sans le pendant de l'aristocratie anglaise, la monarchie représentative soit impraticable en France. En effet, ceux qui regrettent ou désirent une aristocratie la prennent d'ordinaire comme une influence toute conservatrice. Raisonnons d'abord à ce point de vue. Si l'on veut être sincère, tous les doutes sur la possibilité du régime constitutionnel viennent d'un seul motif : il a péri ; et ce motif est grave. Mais si la monarchie de 1814, si la monarchie de 1830 avaient été conduites par la démocratie, si c'était l'esprit opposé à l'esprit conservateur qui eût sans frein et sans mesure dominé dans leurs conseils, l'absence d'un pouvoir vraiment aristocratique pourrait être alléguée comme la cause de leur perte. À parler selon les faits, non selon les théories, en quoi un peu plus ou un peu moins d'aristocratie aurait-il empêché leur chute ? Une insurrection follement provoquée a renversé la première monarchie ; une insurrection nullement provoquée a renversé la seconde,

Charles de Rémusat

Sérieusement, il y aurait eu à l'une et à l'autre époque cinq cents seigneurs au Luxembourg jouissant chacun de cinq cent mille livres de rente par ordre de primogéniture que leur présence n'eût rien fait aux événements qui ont amené directement la ruine des deux monarchies. Encore une fois, ces événements n'ont été à aucun degré produits et facilités par le défaut d'esprit aristocratique dans le gouvernement. Si cette lacune était cause des revers par exemple de la monarchie de juillet, c'est qu'on l'aurait vue, dans ses conseils, dans ses mesures, dans la composition de ses majorités, dériver peu à peu vers la démocratie pure et le relâchement des doctrines gouvernementales. Or c'est plutôt le contraire qui est arrivé. Ce n'est point le gouvernement qui s'est peu à peu affaibli et dissous ; c'est de vive force qu'il a été emporté. L'aristocratie n'a rien à voir là, et les majorats ne triomphent pas des émeutes.

Je ne veux pas dire que l'esprit aristocratique ne puisse être, dans certaines circonstances, une résistance utile, et exercer par occasion une action avantageuse sur le gouvernement ; je ne dis même pas qu'il soit très aisé de s'en passer. Je dis seulement que la France n'ayant pas été gouvernée démocratiquement, ce n'est point faute d'aristocratie que nous avons échoué, et que la crise dans laquelle on a péri était de celles auxquelles une aristocratie de plus ou de moins ne faisait rien. Ainsi, même en admettant l'utilité, la nécessité de l'élément aristocratique dans le mélange constitutionnel, l'expérience n'autorise nullement à soutenir que la monarchie représentative ait sombré en France pour en avoir manqué.

Mais l'aristocratie, je me hâte d'en convenir, n'est pas uniquement une force conservatrice, si l'on entend uniquement par conservateur ce qui maintient et favorise la puissance d'action du gouvernement. Celle de l'Angleterre a joué dans l'histoire un rôle moins restreint, plus compliqué, plus grand. Elle a surtout utilement contribué au développement laborieux des institutions de l'Angleterre ; elle a servi à donner à la royauté britannique ce caractère de simplicité qui l'élève si fort au-dessus de ces pompeuses monarchies rivales des cours asiatiques. Elle a, non pas constamment, mais fréquemment fourni à l'opinion publique d'énergiques représentant et à la liberté des confesseurs intrépides. Si donc on dit que faute d'une aristocratie la liberté constitutionnelle ne saurait parmi nous s'établir de la même manière que chez nos voisins, c'est trop évident pour y insister. Il est trop tard pour faire signer une grande charte. La transformation de la féodalité britannique ne peut plus être recommencée sur notre sol, si nous ne rajeunissons de quelque cinq cents ans. Sans nul doute, jusqu'en 1789, l'aristocratie française, si ces deux mots peuvent être accouplés, n'a rien fait pour les libertés publiques. Ces lieux communs de l'histoire n'ont plus besoin d'être redits ; ils sont l'expression d'une des causes qui ont empêché la France de devenir libre aussitôt que sa voisine, d'une des raisons pour lesquelles la crise du milieu du XVIIe siècle, si féconde pour l'un des deux pays, a été pour l'autre si stérile. Nul doute que la France n'ait pris alors un autre chemin ; mais le point est de savoir si plusieurs chemins peuvent conduire au but.

Si l'aristocratie a pris à son grand profit et à son grand honneur une part active aux événements décisifs qui, jusque vers la fin du XVIIe siècle, ont contribué à fonder la liberté britannique, il importerait, avant de tirer de son existence de sérieuses conséquences, de bien savoir ce qu'elle est et comment elle aide au maintien de l'édifice, après avoir aidé à l'élever. On dit beaucoup que l'Angleterre est aristocratique. Soit, mais il faut s'entendre sur ce mot. L'aristocratie anglaise est, à proprement parler, la noblesse, c'est-à-dire la pairie. Au lieu de certains privilèges humiliants ou frivoles qui n'ont disparu chez nous qu'en 1789, elle a eu des droits et des pouvoirs politiques et elle les a gardés ; cette position supérieure longtemps maintenue a fait sa grande richesse. Quelques illustrations lui ont conservé son éclat. Il serait puéril de contester l'influence d'un corps ainsi constitué ; mais il ne faut pas l'exagérer. De 1688 à 1789, on trouverait peu de grandes circonstances où des partis décisifs pour la monarchie et la constitution aient été pris conformément au pur esprit de l'aristocratie par opposition à l'esprit du reste de la société. L'opinion de la bourgeoisie de Londres eût été seule consultée que le bill des droits, l'acte d'établissement de la maison de Hanovre, la guerre de la succession, la politique intérieure de Walpole, la guerre contre l'Espagne de 1739, la conduite tenue dans la guerre de sept ans, une bonne partie des fautes commises envers les colonies américaines, la guerre et la paix qui ont suivi leur insurrection, les réformes de Burke et peut-être la victoire de M. Pitt sur M. Fox en 1784 seraient arrivés tout de même. Tout au plus la paix d'Utrecht et la paix de Paris se seraient-elles faites un peu

Charles de Rémusat

plus tard et autrement : dans l'une la politique de Marlborough, dans l'autre la politique de Chatham, auraient obtenu davantage ; mais enfin dans presque toutes ces importantes occurrences le parti whig a prévalu, et bien qu'aristocratique par les noms illustres qui figurent toujours à sa tête, il a été généralement appuyé par le commerce des villes ou par ce qu'on appelle en Angleterre *the money'd interest*, ou la propriété mobilière, par opposition à la propriété foncière ou plutôt à cette *gentry* rurale qui peut être assimilée à une aristocratie comme classe conservatrice. Plus en effet que la noblesse anglaise, les gentilshommes campagnards se sont montrés animés de cet esprit conservateur qui est, sans aucun doute, un important élément de tout gouvernement régulier. Là plutôt que dans l'aristocratie proprement dite, on devrait chercher le contre-poids que l'on félicite souvent l'Angleterre d'avoir opposé aux excès de l'esprit novateur ou de l'esprit démocratique. Ce sont eux, les *squires* du club d'Octobre, les ancêtres des Western et des Allworlhy de Fielding, qui ont ébranlé les ministères whigs de la reine Anne et fait triompher cette réaction temporaire qui toucha de si près à une restauration. Ce sont eux qui, effrayés et scandalisés par la révolution française, ont donné un parti à la politique de Burke vers la fin du XVIIIe siècle, et formé le corps d'armée de Pitt et de ses imitateurs. Mais la pure aristocratie, la noblesse anglaise pourrait bien avoir plus servi les intérêts de la liberté que les intérêts conservateurs. La part que nombre de ses chefs ont prise sous les Stuarts à la révolution de 1688, après 1688 à l'établissement de la maison de Hanovre, après 1714 aux divers progrès des libertés publiques, est un fait saillant de l'histoire d'Angleterre, un fait unique peut-être dans l'histoire du monde. Pendant le siècle qui s'écoula de la révolution, à 1789, la politique whig, soutenue par l'aristocratie et la bourgeoisie des villes, a prévalu plus de soixante ans contre celle des propriétaires semi-bourgeois des campagnes. On peut donc dire que la liberté de l'Angleterre doit beaucoup à son aristocratie, mais non pas le genre de service qu'on attend généralement d'une aristocratie. Ce genre de service a plutôt été rendu à l'Angleterre par la *gentry* de province, qu'on appellera, si l'on veut, une véritable aristocratie territoriale, mais qui n'est pas sa noblesse.

Cet élément au plus haut degré conservateur doit avoir sa place dans l'ordre constitutionnel. À mon avis, il faut lui demander la résistance plutôt que la direction ; mais, résistance ou direction, il aura toujours une grande part d'influence, s'il y a deux chambres, l'une devant être constituée de manière à lui donner particulièrement accès. C'est ici que doit se montrer le génie du législateur. Il n'a peut-être jamais produit un corps politique aussi savamment conçu que le sénat des États-Unis ; je le cite pour en conseiller l'étude plutôt que l'aveugle imitation. Ce n'est pas tout, l'élément conservateur qui réside dans la propriété rurale aura dans tout système électoral raisonnable un rôle considérable à jouer ; mais cet élément n'est pas nécessairement une aristocratie, quoiqu'il ait quelque chose de ce qu'on croit être l'esprit aristocratique.

Je le remarque parce que la France n'a plus et, à parler rigoureusement, n'a jamais eu d'aristocratie. Sa noblesse était trop nombreuse, trop pauvre, trop exclusivement militaire, trop privée de droits politiques, trop peu jalouse d'en acquérir. Un corps dont l'unique rôle dans l'état était de donner, disent les historiens, jusqu'à vingt mille officiers à l'armée, n'était rien comme pouvoir de gouvernement. Quelque glorieux que fût ce privilège, il n'était aristocratique qu'au mauvais sens du mot, c'est-à-dire comme privation de droits pour le mérite, comme une interdiction de la gloire pour le tiers-état. Les vertus militaires ne sont certes pas des vertus vulgaires, mais ce sont précisément les moins aristocratiques de toutes, celles qui ont le moins besoin des traditions de famille, de la stabilité des positions et des fortunes, et l'égalité n'a pas de plus digne théâtre que les champs de bataille. Il est donc trop tard pour chercher dans l'ancienne noblesse un corps politique. Le passé ne se refait pas : on ne peut lui rendre après coup une initiative qu'elle n'a point eue, ni faire, que mariant son existence à celle des états-généraux, elle ait été de bonne heure la promotrice des droits du peuple ; mais si, laissant le passé, on la considère comme formant la partie la plus connue des possesseurs du sol, et si on ne la sépare pas de ce vaste corps de la propriété territoriale, si puissant en France et si résolument conservateur, on trouve là ces garanties d'ordre et de durée qu'on cherche à tort dans une aristocratie, et que l'Angleterre même n'y a pas exclusivement trouvées. Un examen un peu attentif de la société française, surtout depuis 1848, convaincra tout observateur impartial que sous ce rapport nous n'avons rien à envier

Charles de Rémusat

à nos voisins. Il faudra seulement, si jamais l'on songe à agiter ces questions, que, renonçant à une erreur trop commune, on préfère une résistance indépendante à toute autre, et qu'on se décide à la chercher plutôt dans les propriétaires que dans les fonctionnaires.

Nous arrivons à une des plus fâcheuses différences qui frappent dans la comparaison de la France et de l'Angleterre. Un fait qui n'est que la suite de celui de la centralisation, qui n'est que la centralisation considérée sous une autre face, c'est la multiplicité des fonctionnaires en général, et en particulier de ceux qui sont à la nomination du gouvernement. Tant qu'une hiérarchie innombrable, animée par l'émulation de l'avancement, couvrira le pays et offrira aux ambitions subalternes des moyens de bien-être et d'importance plus faciles que les professions privées, toujours extrêmement laborieuses, nous aurons là une véritable caste sociale, qui, jouissant d'une influence toute faite et n'ayant rien à gagner à la liberté, pourra offrir à tout pouvoir usurpateur un commode instrument. Dans de telles conditions, la classe des fonctionnaires n'est plus même un élément conservateur. Trop nombreuse et trop importante pour être déplacée à l'avènement d'un nouveau pouvoir, elle redoute moins qu'elle ne devrait les révolutions. Elle les prévoit au besoin et se ménage en conséquence. Elle soutient en principe, elle justifie par son exemple cette théorie sans dignité, mais devenue nécessaire, que l'état, ayant toujours besoin d'être servi, est une maison dont le maître peut changer, non les serviteurs, et il arrive même que l'opinion publique sait quelque gré à ceux qui, sans souci des principes et du drapeau, sans respect pour leurs souvenirs et leurs promesses, se seront tenus pour exclusivement engagés à leur emploi et pour bons citoyens, s'ils sont fonctionnaires persévérons. Ils prétendront même par-là mériter la reconnaissance, et qui sait ? ils l'obtiendront.

Il résulte de tout cela que si la France veut jamais posséder la liberté politique dans sa plénitude, elle devra se préoccuper des suites de la centralisation et de l'organisation de la hiérarchie tant judiciaire qu'administrative. Il faudra chercher si, parmi les affaires communes, il n'y en a pas dont la gestion puisse se passer d'uniformité, et par conséquent être abandonnées au libre arbitre des localités, à la bonne volonté des individus. Il faudra chercher comment, sans porter atteinte à l'unité de la législation, on peut

De la Liberté moderne

donner aux citoyens plus d'expérience et de sagesse en leur donnant plus d'indépendance et de pouvoir, faire enfin contracter à la société entière la conscience de ses devoirs et de ses intérêts en la chargeant de prendre soin d'elle-même. La stabilité plus encore que la liberté est à ce prix, car tant que la vie publique ne sera qu'au centre, je ne dis pas que la liberté ne s'établira point, mais elle sera précaire comme tout le reste, et à la merci des révolutions.

À parler franc, il pourrait bien ne pas y avoir au XIXe siècle de contrat d'assurance contre les révolutions. Vous trouverez même des hommes sérieux qui n'en croient pas l'Angleterre à l'abri, et l'autre extrême, la Russie, s'occupe, dit-on, de modifier son gouvernement, et il n'est pas sûr qu'en tâchant de l'améliorer, elle le consolide. Or, si elle n'est pas en Angleterre et en Russie, la sécurité complète n'est nulle part. Avant notre temps, il y avait eu des révolutions, et jusque vers la fin du moyen âge et au-delà les gouvernements ne vivaient pas dans cette confiance en leur durée qu'ils croient avoir perdue de nos jours seulement ; mais à la suite de ce mouvement général du commencement du XVIIe siècle qui sembla reposer presque toutes les monarchies plus d'aplomb sur leurs bases, après le désarmement de toutes les forces indépendantes qui avaient si longtemps fait échec au pouvoir royal, il s'était répandu un sentiment, ou, si l'on veut, une illusion de la stabilité absolue des trônes. L'Angleterre seule, toujours inquiète, et qui, de 1645 à 1745, put douter de la solidité de sa dynastie, qui depuis lors même n'a jamais regardé comme impossible que les événements remissent la couronne en question, quoique sa loyauté ait toujours écarté cette inutile extrémité, a seule échappé à cet engourdissement politique dans lequel les vieux gouvernements n'ont que trop de tendance à se plonger. L'exemple de la royauté de Versailles, sur lequel pendant cent cinquante ans les princes se sont à l'envi modelés, les a tous plus ou moins portés à cette adoration d'eux-mêmes qui pouvait les abuser sur leur condition : confiance d'autant plus pardonnable que leurs sujets même leur en donnaient l'exemple, et que l'opinion qui les entourait semblait regarder les troubles civils et les bouleversements politiques comme ensevelis dans le tombeau de l'ancienne barbarie.

La France, qui avait le plus contribué à établir cette illusion, a été la première à la détruire. Couronne et dynastie, tout avait réchappé chez elle plus constamment, plus heureusement qu'ailleurs, d'agitations plus violentes et plus menaçantes que celles d'aucun autre pays. Cet exemple envié, en trompant le monde, l'avait elle-même trompée. C'est à elle qu'est échu depuis 1789 le pénible rôle de prouver aux rois et aux peuples que couronne et dynastie sont aussi instables que toutes les choses humaines. Et comme c'est son destin d'occuper le monde plus que personne, et de faire, même sans en avoir dessein, de son histoire une propagande universelle, elle a révélé, elle a enseigné à tous le secret, l'art, la facilité des révolutions. Alors, comme si un voile se déchirait, on a vu à découvert l'état des sociétés modernes. On a compris avec un certain effroi que ce qui avait rassuré jusqu'ici était précisément ce qui devait tenir en alarme. Depuis la renaissance, la politique, la législation, le gouvernement, étaient devenus, comme tout le reste, un objet de réforme. De même que la religion et la philosophie, les sciences et les lettres, on avait regardé comme un heureux progrès que l'art social pût recevoir de l'expérience et de la raison des perfectionnements inconnus jusque-là, et dans cette tâche nouvelle, facilitée par les lumières du temps, les dépositaires du pouvoir croyaient trouver des moyens de plus de recommander leur autorité et de s'attacher les peuples. Ils se figuraient et on leur disait que le bien public, désormais mieux compris, était un lien de plus entre leur autorité tutélaire et leurs sujets, nul ne pouvant maintenant méconnaître combien la royauté était nécessaire. Et voilà que tout à coup on s'est aperçu que ce besoin de perfectionnement, que cette nécessité des réformes pouvait être la source d'inquiétudes subversives et la cause universelle de l'ébranlement des trônes ! Comment ce qui devait les affermir les a-t-il ébranlés ? Comment de l'agrandissement de leur rôle est sorti pour les rois l'affaiblissement de leur autorité morale ? On peut le deviner, et je le laisse à dire à ceux qui ne croient plus à la royauté.

Mais, quel que soit l'effet, la cause subsiste. Le besoin des réformes se retrouve en tout lieu. À Rome comme à Constantinople, à Madrid comme à Berlin, il faut changer, et on appelle le changement progrès. Ce fait est plus éclatant que la lumière du jour. Cependant réformes, changements, progrès, ne sont pas synonymes obligés de révolution. Là est bien la cause de l'état révolutionnaire universel ; mais l'effet est moins nécessaire que la cause, et si l'effet est général, on ne peut pas dire que ce ne soit la faute de personne.

Sans compter les erreurs particulières des gouvernements, sans insister sur l'insuffisance de la majorité des maîtres du monde, car ce sont là des accidents qui se reproduisent toujours sous quelque forme, et qu'on ne peut empêcher, il y a deux faits principaux auxquels il me semble qu'il faut s'en prendre si l'état de mobilité des sociétés modernes a partout une telle tendance à tourner aux révolutions.

Le premier, c'est la malhabile conduite, c'est la médiocrité universelle des classes anciennement supérieures de la société. Depuis un siècle ou deux, sur tout le continent européen, elles se sont persuadé qu'elles n'avaient rien à faire qu'à attendre, et tout au plus à suivre le pouvoir royal. La centralisation n'est pas partout égale, les attributions du gouvernement ne sont point partout également absolues et nombreuses ; mais en tout pays il y a eu tendance à une abdication générale dans les mains du pouvoir officiel et suprême de tout ce qui donne influence, initiative, responsabilité. En tout pays, l'ambition s'est abaissée, l'orgueil a fléchi. Ceux qui auraient pu se croire l'avant-garde de la civilisation, l'élite puissante de la société, ont borné leurs vœux à recevoir avec reconnaissance la délégation temporaire d'une parcelle de l'autorité royale et quelque reflet de son éclat, heureux quand ils ne préféraient pas à tout le privilège de jouir plus oisivement que personne des pompes de la vie des cours, des douceurs du luxe, des joies de l'opulence, des abus de l'inégalité, dont ils déclinaient les charges. Puis sont venus les jours d'épreuve. Depuis que les événements ont dû l'avertir d'une déchéance en partie volontaire, l'aristocratie européenne est grondeuse et découragée, quand elle n'est pas présomptueuse et irritée. Tout annonce qu'elle ne regagnera pas le temps perdu.

L'autre ferment révolutionnaire est dans la démocratie, et j'entends par là tout ce qui n'est pas aristocratie. Cette grande masse sociale est loin d'être ce que ses aspirations exigeraient qu'elle fût. C'est pour elle, surtout pour elle, que tourne la roue des siècles. Tous ces redressements, toutes ces nouveautés dont notre temps se montre si avide, c'est elle au fond qui les veut, c'est pour elle que tout se prépare et s'accomplit. Je ne lui reproche pas de les souhaiter avec ardeur, de les réclamer avec force, de s'y porter même

Charles de Rémusat

avec une hardiesse impétueuse : je ne lui reproche pas d'avoir des passions, quand elle en a ; mais je lui reproche de ne pas assez se dire qu'elle est au fond maîtresse de ses destinées et qu'elle en est responsable. Il semble souvent qu'elle se regarde encore comme une multitude tour à tour soumise ou révoltée, mais qui, dans la soumission comme dans la révolte, n'espère rien que du maître qu'elle flatte ou qu'elle intimide. De tout ce qui la gêne ou la blesse, elle se fait, non des maux à guérir, mais des griefs à commenter ; elle ne se propose pas d'en triompher, mais d'en tirer vengeance. Quand elle est faible, elle se plaint ; quand elle est forte, elle menace ; quand elle succombe, elle s'abandonne. Ce n'est jamais d'elle-même, c'est toujours d'un autre qu'elle attend réparation. Ainsi, ne considérant jamais son sort comme quelque chose qui dépende d'elle, elle ne le juge pas avec sa raison, mais avec son imagination. Elle ne s'inquiète pas de ce qui est sensé et possible ; elle demande, s'il le faut, l'insensé et le chimérique, puisque son rôle est d'obtenir et jamais d'accorder. Elle mesure ses plaintes sur ses ressentiments, ses exigences sur ses haines. Tour à tour terrible ou puérile, elle agit en esclave rebelle qui veut tout, parce qu'il ne peut rien ; puis, quand l'accès est passé, quand l'obstacle résiste ou que la violence de la tentative en a fait un revers, ou seulement quand l'honnêteté et le bon sens la découragent des vœux extravagants, elle s'apaise, mais elle s'humilie. Elle s'incline devant la plus faible résistance, se désiste de tout, se désabuse de la vérité même, et pour avoir voulu impérieusement que le pouvoir fît tout pour elle, même l'absurde, elle consent qu'il fasse tout contre elle, même l'injuste. On dirait qu'elle ne se croit pas encore affranchie. Elle ne sait donc pas qu'il n'y a plus que des *ingénus*, et que les nations répondent d'elles-mêmes. C'est parce qu'on préfère le plaisir de renverser le pouvoir à l'honneur pénible de l'exercer qu'on devient aveuglément révolutionnaire, et de révolutionnaire servile.

N'allez pas conclure de la que la société européenne appartienne corps et biens au désordre. Oui, et qui l'ignore ? il y a des éléments de révolution dans le monde ; mais il ne s'ensuit pas que le monde ne doive marcher que par crises révolutionnaires. Les torts ne sont pas sans exceptions, le mal n'est pas sans limite. On est aussi trop fataliste aujourd'hui. Dès qu'un danger est aperçu, on veut qu'il se réalise ; dès qu'une possibilité apparaît, elle vaut fait, et rien ne menace qui ne paraisse inévitable. Il n'en est rien, et les événements n'ont pas été soustraits à ce point à tout empire de la volonté de l'homme. Parce que de tristes mécomptes ont été le terme des espérances de telle ou telle nation, il ne suit pas qu'aucune nation ne doive espérer, et la France a-t-elle donc à porter ses regards si loin pour voir que l'unique alternative n'est pas de répudier l'exemple de l'Angleterre ou d'échouer comme elle, et que les institutions de l'une ne sont point partout accompagnées des malheurs de l'autre ?

La Belgique est un pays catholique, et n'a point une religion d'état soumise au pouvoir civil comme l'église épiscopale, ou des foules de sectes entièrement insubordonnées comme les dissidents britanniques. Elle n'a point une aristocratie investie héréditairement du droit de participer à la législation et au gouvernement, et dont les grandes fortunes, constituées sur une seule tête par le droit de primogéniture, soient l'appui et l'accompagnement obligé d'une prérogative politique. La constitution de la société belge est démocratique comme la nôtre ; ses mœurs offrent avec les nôtres de grandes analogies. Dans de populeuses villes, l'extrême pauvreté et l'extrême richesse sont rapprochées ; la grande industrie a réuni en de vastes ateliers, sous la loi d'un maître sans cesse acharné à triompher de la concurrence par l'économie, de grandes légions d'ouvriers, et subordonné le travail au capital, tandis qu'une liberté presque illimitée de la presse sème le pavé des villes des feuilles improvisées par les partis, et que la littérature française s'étale chez tous les libraires et couvre même la littérature nationale. Là sont donc toutes les circonstances regardées en France comme les plus favorables aux crises révolutionnaires, comme les plus propices au socialisme. Cependant aucun de ces dangers n'a jusqu'à présent atteint le gouvernement de la Belgique, et quand sur sa frontière se déployait l'incendie de 1848, le feu ne l'a point gagnée. Elle a vu paisiblement s'agiter, dans une triste et stérile convulsion, son puissant voisin ; elle a conservé ses institutions dans toute leur pureté, sa royauté dans toute son inviolabilité. Elle s'est contentée de penser que la monarchie représentative pouvait se maintenir sur le continent, — sans la centralisation, — dans une société démocratique, — avec un roi sage.

Un autre pays voisin, le Piémont, offre un spectacle d'un intérêt égal, et il a droit aux mêmes vœux, quoiqu'on ne puisse contempler son avenir d'un œil aussi tranquille. Là aussi le système représentatif s'est établi sans clergé gouvernemental, sans chambre héréditaire, en pleine liberté de presse, à la veille des émotions contagieuses de 1848. Une guerre plus honorable qu'heureuse et les sacrifices qui suivent les revers ont mis aussitôt à une critique épreuve ce gouvernement naissant, et loin que la monarchie en ait été ébranlée, la maison royale en est sortie plus populaire. Depuis lors, ce qui a agité le Piémont, ce n'est point la liberté, c'est une ambition patriotique. Si le Piémont doit avoir encore ses jours d'épreuve, ce n'est point pour des causes intérieures : c'est que de glorieux événements, en lui donnant plus de grandeur, lui ont créé de nouvelles difficultés à vaincre. Quoi qu'il arrive, le Piémont n'est pas plus que la Belgique menacé jusqu'ici d'un renversement par les causes que l'on va chercher dans la comparaison de l'Angleterre et de la France, et pourtant tout ce qu'on dit des différences qui séparent celle-ci de celle-là pourrait s'appliquer à la Belgique et au Piémont.

Les malheurs que l'on prédit comme inévitables dans la voie de la liberté politique ne sont donc nullement certains, ou, s'ils le sont, ils auraient d'autres causes que celles qu'on allègue, et surtout il n'est pas plus prouvé par l'expérience que par la théorie qu'un peuple intelligent et éclairé ne puisse, du droit de sa raison, emprunter quelques-unes des institutions essentielles d'un autre pays ; il n'est pas vrai qu'une nation soit condamnée à être toujours gouvernée comme elle l'a toujours été. Il lui est difficile de changer de gouvernement ; il lui est difficile de conserver celui qu'elle s'est choisi, s'il a besoin pour exister de son concours, et que ce concours, elle ne sache pas le lui donner. Cependant il n'y a point-là d'obstacles invincibles, et pour les vaincre, le moyen n'est pas mystérieux ; il se borne à ceci : comprendre et vouloir.

ISBN : 978-1544669052